もう、背伸びなんてすることないよ

95 messages that make you happy.

宇佐美百合子

幻冬舎

もーう、背伸びなんてすることないよ

はじめに

私たちは、身もだえするような苦しみや、やり場のない悲しみに出会うと、心の底から思います。

「早く立ち直って元気になりたい。心の痛みを吹き飛ばして前に進みたい」

元気がわけば、明るく積極的な自分になれるからです。

でも人生は、ひとつ問題を乗り越えても、またすぐ次の問題がやってきます。

そのたびにあなたの苦痛が長引かないように、お気に入りの言葉を見つけておきませんか？

自分の感性に合った言葉は、不思議な力を発揮します。言葉が、ただの文字じゃなくなって、あなたの傷ついた心に深く入り込んでそっと癒してくれます。

元気は〝もとの気〟と書くように、はじめから私たちの中にある生命力で、それはまさしく〝自分に愛をとり戻そうとする力〟です。

あなたが落ち込んだときに、「あぁ、癒されたい」と思うのは、愛への渇きを埋めようとする本能なんです。

胸が熱くなって涙があふれると、心はゆっくりと回復に向かいます。もう、だれかにやさしい言葉をかけてもらうのを待ってなくていいんです。今日から、あなたの好きな言葉といっしょに生きていきましょう。

以前の私は、すごく気が弱くて、孤独が大嫌いで、不平不満ばかりいっていたから、自分を愛せるようになるまでたいへんでした。

自分に自信を持たせるのに、とても苦労しました。

しょっちゅう傷ついて悲しみに打ちひしがれる自分に、根気よくいって聞かせた〝心の持ち方〟がいろいろあります。

それを思い起こして、かつての自分自身に語りかけるようにして、この本をつづっていきました。

だから、どのページにも「かつてそうだった私」がいます。

もしかしたら、それが今のあなたと重なるかもしれませんね。そう思うと、気持ちがわかるだけに胸がしめつけられるような気がします。


疲れ切った私の心にじんわり沁《し》みて、私を育ててくれた言葉たちが、きっとあなたの心にも〝効く〟ことを信じています。

言葉は毎日使うものだから、あなたが大切にすれば、かならずエネルギーをいい方向に動かして助けてくれます。

一カ月後、半年後、一年後でもいい。同じページを開いてみてください。最初に読んだときよりも、共感できたり、その先をいっている自分を発見するかもしれません。

そうしたら今度は、その言葉にあなたの命を吹き込んで、あなたの大切な人に渡してあげてくださいね。

命の言葉が受け継がれていくことは、私の夢です。

この本を手にとってくれて、本当にありがとう！

宇佐美百合子

もう、背伸びなんてすることないよ　もくじ

装幀・本文デザイン　松岡史恵
装画・本文イラスト　国分チエミ
ＤＴＰ　小山宏之（美創）

疲れたなぁって思ったとき

小さなストレスは
大きなタメ息で吹き飛ばそう

ストレスを感じると、なんとなく息苦しくなりませんか？

それは、知らないうちに呼吸が浅くなって、酸欠気味になるからです。

その状態で深呼吸しても、最初に〝吸う〟からはじめるので、肺の底に溜《た》まった重たい空気を出せないんですね。

肺の空気が入れ替わらなければ、気分はすっきりしません。

そこで、何度も大きなタメ息をつくほうが効果的なんです。

前かがみになって、「体によくないものは出ていけ〜」と意識しながら、よどんだ空気を大きなタメ息で吐き出しましょう。

〝大きな〟と書いたのは、最後の最後まで残息を吐き切ってほしいからです。

吐けば自動的に吸うから、ここでは吐き切ることに集中して。

吸うときには、「今、宇宙の元気を吸い込んでる！」と意識します。

ストレスは、小さなうちに手当てすれば、心のしこりになりません。疲れたなって思ったら、タメ息をついてさわやかな気分をとり戻しましょう。

落ち込んだら
ムリヤリ笑って

「笑顔は、相手に〝好感〟を与えるためのもの」と思っていませんか？

笑顔には、「親しみを抱《いだ》かせる」「警戒心を解かせる」という効果があるのは確かですが、最大の特典は「自分を元気にする」ことなんです。

あなたが笑うと、目のまわりの筋肉が動いて脳に指令が出ます。

「笑ったとき用のホルモン、放出！」

そこに飛び出すさまざまなホルモンが、自然治癒力をアップさせます。

笑顔は、あなたを活性化して病気からも守ってくれるんですね。

うれしいことに、〝ウソ笑い〟でも同じ効果があるんですよ。あなたが笑顔を作れば、表情筋が動いて同じホルモンを出すためです。

副作用もないし、お金もかからないし、持ち運びも便利な自分の笑顔。

これを活用しないなんて、もったいないと思いませんか？

ヘコんだときは、ウソ笑いでも泣き笑いでもいいから、鏡の前で笑顔タイム！　とっておきの笑顔で、自分を助けましょう。

素顔がいちばんラクだから
心の仮面をはずして

仮面舞踏会のように、自分の素顔を隠しているのはなんのためですか？

「仮面をつけているほうが、人から好かれる」と信じているから？

実は、私がそうだったんです。

私がつけていたのは〝八方美人〟といって、いい顔をする仮面でした。

なにも飾らない自分に自信がなくて、話のつじつまを合わせるのに苦労しながら八方美人をやっていました。でも、その一方で、「本当の私をだれもわかってくれない」とさみしがっていたんです。

私はそんな自分に疲れ果て、とうとう友人に本音をぶちまけました。

利己的でブザマな心情をさらけ出すと、彼女は「やっと素顔を見せてくれたね」とやさしく微笑《ほほえ》んでくれました。

素《す》の自分が受け入れられて、目の前がパーッと明るくなりました。そのときはじめて、「心を隠すかっこいい仮面なんてどこにもない」とわかったんです。

ありのままのあなたは、自分が思っているよりもずっと魅力的なんですよ。

失敗したと思い悩むことが
人生にひとつある失敗

人生には「失敗なんてない」と、私は思っています。

人生にあるのは、「いいことを発見するチャンス」だけです。

もっといえば、人生には、自分を生かすチャンスしかないから、それを発見できるかどうかがすべてなんです。

エジソンのことを、だれも何万回も失敗を重ねた人なんていいませんよね。彼は発明王です。発見することに燃えて、それをとことん楽しんだからこそ、生涯好きなことを続けられたんだと思います。

「失敗したくない」とおびえる人ほど、ちょっとうまくいかないとすぐに「失敗した。もうダメだ」と、自らに〝失敗の烙印〟を押してしまいます。

自分が自分に押すこの烙印ほど、力を奪い取るものはないんですよ。

あなたの辞書から、〝失敗〟という文字をなくしてしまいましょう。

「そんなバカな……」という状況に立たされたら、失敗を発見に変えて、発見を工夫に変えて、着々と前に進みましょう。

グチをやめると
あなたにツキが返ってくる

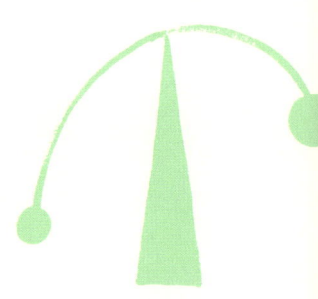

「私、このごろグチっぽいなぁ」と感じたら、ストレスを抱えたままで、なんの手も打っていないとき。カゲグチも増えていませんか？

そういうときのあなたは、大切なことを忘れています。

「グチをこぼし、カゲグチをいうエネルギーが、あなたの運気を下げている」ということです。「ストレスを感じる。グチをいう。ツキがなくなる」という悪循環にはまっているんです。

そんな悪循環からさっさと抜け出して、自分にツキをめぐらせるためにエネルギーを使いましょう。

「グチっぽく考えることも、グチをいうことも完全にやめる。この現実を自力で変える！」と決意してください。グチが出そうになったら、この決意を胸に刻みなおして〝まだ自分のしてないこと〟をひとつしましょう。

それが、新しいエネルギーの流れを作り出します。

日常からすっかりグチが消えたら、あなたの運気はぐっとよくなりますよ。

〝幸せそうな素振り〟を
していませんか?

そういわれてドキッとしたら、あなたは〝本当の幸せ〟をまだ手に入れてないのかもしれませんね。

あなたが〝幸せそうな素振り〟をするのは、なんだか悔しいから？　人から同情されたくないから？　人をうらやましがらせたいから？

どんな理由があっても、そこに素直なあなたはいませんよね。

素直になれないと、〝うれしいこと〟が近寄っても素通りしてしまいます。

もし素直に「助けて」っていえば、すぐに手を貸してもらえたのに。

もし素直に「そばにいて」っていえば、もう少し触れ合えたのに。

いかにも幸せそうに振る舞いながら、陰で涙ぐんでいるあなたがいたら、やせ我慢をするのは、もうやめて。

素直になることとは、弱くなることとはまったく違いますよ。

あなたの心に羽が生えて、「あなたの感じていること」が相手の心まで飛んでいって、そのまま伝わることなんです。

もう〝不幸自慢〟をしないで

世間では〝人の不幸は蜜の味〟というように、自分よりも不幸そうな人の話は、どこでもウケルものです。

あなたはそれを、「自分が歓迎されている」と勘違いしていませんか？

まわりを同情させておくことで、〝自分の居場所〟を確保しようとしていないでしょうか？

自分の不幸を話すことは、少しも悪いことではありませんが、問題は、知らないうちに〝不幸自慢〟に陥っていくことです。

不幸自慢を喜ぶ人に、心からあなたを応援しようという気持ちはありません。そこに甘んじていれば、あなたは成長できなくなります。

だれかに自分の不幸話をするときは、それをどうやって乗り越えたか、それでどんなことに気づいたかをより多く語りましょう。

その話に目を輝かせて聴いてくれる人が、あなたを心から応援し、成長させてくれる貴重な仲間です。

背伸びなんて
することないよ

私は長年、〝背伸びをする自分〟を卒業できませんでした。

そのころは人の評価が気になって、いっときも心が休まりませんでした。

もしあなたが、「自分もそうだ」と思ったら、こんな考え方もあることを知ってください。

あなたが暮らす社会にいる膨大な数の人たちは、あなたをほめるために生きているわけでも、あなたを評価するためにいるわけでもありません。

もし機会があれば、自分のモノサシを引っぱり出して〝あなた〟にあてがい、これじゃ長いとか短いというだけです。

それはひとりひとりの良識によっても、そのときどきの気分によっても、それぞれの利害によっても変わるものです。

だから、背伸びしてまで社会にいる人たちにほめられようとするのは、おろかなことです。

それであなたが自分を見失うようなことに、決してならないでください。

不満のあるときこそ
感謝を忘れないで

「そりゃ、感謝はしてるけど……」といいながら、平気で不満をこぼす人は、感謝は口先だけだと思います。

不満は、感謝の気持ちと反比例して、心に溜まっていくものだから。

いい方を変えれば、もし心にあふれる感謝があったら、多少の不満が生じてもかき消されてしまうということです。

あなたがだれかに不満を感じたら、その人がしてくれなかったことを数えあげるのはやめて、その人がしてくれたことだけを思いましょう。

たとえ、その人が反面教師だとしても、その役を担ってくれたことに感謝して、教えられた内容について考えましょう。

もしあなたが、自分に不満を感じたら、感謝を捧げる相手は宇宙です。

自分自身を「くだらない」とさげすんでも、そっぽを向いても、あなたを見守り続ける〝宇宙の愛〟に感謝してください。

へこたれそうになったら、大きな大きな宇宙の愛に思いをはせましょう。

乾いた心に
うるおいをとり戻そう

心が乾いてくると、美しい自然の風物に反応しなくなり、隣人のいつもの微笑を「うれしいな」と感じなくなります。

「太陽が昇れば、新しい一日を生きられるのは当然のこと」と思っていたら、限りある命を生きているという感動はないでしょう。

自然でも、人でも、仕事でも、そこにあるのが〝当たり前〟と思ったとき、感覚の落とし穴にはまるんですね。

そんな心を回復させる魔法の言葉、それが「ありがとう!」です。

あなたのまわりにいつもあるものに、片っぱしから「ありがとう」とささやいてください。パソコンにも、マイカップにも、花瓶の花にも。

あなたのとなりにいてくれる人にも、窓から見える大自然の風景にも、心の中で「ありがとう」といってください。

それだけで、パサパサした心にみずみずしさがよみがえります。きっと顔にも、ステキな微笑みが戻ってきますよ。

どんなことも
いい悪いだけで見ないで

私たちは子どものときから、ものごとの「いい悪い」を教え込まれ、それを判断できるようになれと育てられました。

内容よりも〝判断すること〟に重きをおくと、なんでもすぐに「いい」か「悪い」かを決めつけようとします。

そして、悪いほうを責めたり、軽蔑したりするようになります。

その対象が他人ならば「非難」し、自分ならば「自己嫌悪」に陥ります。

あなたは、よく知りもしないことを勝手に判断して、相手に押しつけたり、自分を縛りつけたりしてきませんでしたか？

世の中には、「どちらとも判断できない」ことや、「混沌が普通」という状態はたくさんあります。あなたの中にもあると思います。

「いい悪いを、まったく決めない」という判断もあると知ってください。

これからは、あなたが見過ごしてきた感情や、思いやれなかった事柄を受けとめて、あるがままの状態をもっと楽しみましょう。

自分のことを深く知れば
あの人のことがわかる

仕事の疲れよりもこたえるのは、人間関係の疲れです。

でも、「自分のことをわかってもらえない」と思う前に、自分の心と向き合って、本音と建前をわけて「感情の動き」を観察してください。

たとえば、自信を失ったときの落胆、評価してもらえないつらさ、自分をうまく表現できない苛立《いらだ》ちは、経緯が違ってもみんな同じです。

あなたは、あなたの人生しか体験できないけれど、自分を深く知ることで「心の仕組み」を理解できます。

すると自然に、人が求めているものを感じとれるようになっていきます。

あなたが疲れるのは、〝人の気持ちがわからないとき〟なんですね。

相手のことがわからなかったら、「もし自分が、相手と同じ立場で同じ利害にさらされていたら?」と想像してみましょう。

そういう態度でコミュニケーションに臨めば、今度は相手が、あなたのことを理解しようとしてくれますよ。

昨日のあなたよりも
今日は どこがステキ？

「あの人には負けたくない」と、ライバル意識を燃やして戦う競争社会。

だけど、多くの人が競争に疲れているのはなぜでしょうか？

他人と戦う以上、勝てば勝ったで「次は負けるかもしれない」という不安がついてまわり、負ければ負けたで「いつになったら勝てるのか」というあせりと敗北感を味わうからだと思います。

これでは、心はすり切れていくばかりです。

あなたの本当のライバルは、他人ではなく、〝過去の自分〟なんですね。

今日の自分が過去最高の自分だったら、あなたはまちがいなく幸せです。

もう他人と競うのはやめにして、過去の自分より、少しでも技能や人間性をアップさせるために努力しましょう。

存分に力を発揮して、うまくいった日は喜び、うまくいかなかった日は大きな愛でくるんで、自分をめいっぱい激励するんです。

すると自分だけでなく、他人にもエールを送れるあなたになりますよ。

もっといっぱい
自分をほめてあげて

生き抜くうえで必要なことは、「自分が自分を応援しないで、いったいだれが応援するんだ！」という気持ちを持ち続けることです。

「自分のことが気に入らない」といって応援するのをやめてしまえば、あなたは人生を切り開けなくなります。

とにかく、がむしゃらに自分を応援してみてください。

具体的には、〝ほめちぎる〟ことです。

自分が「やれなかったこと」じゃなくて、「やれたこと」「がんばったこと」をひとつずつとりあげてほめていきます。

あなたの理性が邪魔をして、「この程度のことで？」といってきても無視！

ほめてほめて、〝容認の雨〟を心にたっぷり降らせましょう。

そうすれば、ジワジワと自信がわいてきて、自立心が芽生えてきます。

自分を育てる「育自」は、子どもを育てる「育児」と同じように、しっかりほめてあげるとうまくいきます。

あなたにないものを探して
今日を過ごさないで

きれいなパズルを目の前にしても、もしピースがひとつ抜け落ちていたら、目はどうしてもその穴ぼこにいってしまいます。それが気になって、ついつい文句をいいかねません。

これは、そっくり人生にも当てはまることです。

十のうち九つまで満ち足りていて、ひとつしか不満がないときでさえ、その不満をまっ先に口に出して、グダグダと文句をいってしまいます。

指摘されるまで、そんな自分のクセに気づかなかったり、指摘されても「だって……」と、穴ぼこにこだわり続ける人もいるくらい。

あなたは十のうち、手もとにいくつかある〝自分の幸せ〟を、ちゃんと見て生活していますか?

その数が人より少なかったとしても、あなたがそっちを見て生きていけば、〝幸せな今日〟が送れます。

〝幸せな人生〟は、その積み重ねで生まれるんです。

あなたは運がいいから
不運になんてならない

運のいい人は、自分がどんな目にあっても「不運だ」とは思いません。予定通りにいかなくても、「運が悪い」と考えないで、「だったらこうしよう」と次にすることに心を向けます。

それでスランプを脱したら、「ほうら、私は運がいい」と合点します。

まるで、人生に展開する〝波乗り〟を楽しんでいるかのようです。

そういう人たちに共通していえることは、「自分は運がいいから、人生は自分の思うようになっていく」と信じていることです。

ということは、世の中には「不運な人」がいるんじゃなくて、頭の中で勝手に信じ込んだ「不運」があるだけなんですね。

頭が不運に支配されると、行動を起こさないでぼやいて過ごすようになるので、結果として〝イメージ通りの不運〟を味わうことになります。

これを読んで、「不運という幻の支配からキッパリ抜け出す！」と思えば、あなたはやっぱり運がいいんです。

もうおわった話より
これからの夢を語ろう

あなたが人に語る言葉を、まっ先に聴くのはあなたの耳です。

それが苦労話だったら「暗くて重たい気」、自慢話だったら「自己満足の気」が、ふたたび心身に充満します。

あなたの耳が待っているのは、そういう話ではありません。全細胞が躍動して、生命エネルギーがわき立ってくるような話です。

あなたがワクワクして夢を語れば、全細胞が活性化します。

夢を叶《かな》えるための方法を語れば、その気になった細胞は活動態勢に入ります。

その結果、あなたは行動派に変わるんですね。

つまり、夢を語って、具体的な可能性と行動を口にすれば、目には見えない〝言葉のエネルギー〟が全細胞を動かして、あなたの人生をそっちに導いていくんです。

あなたの耳は、毎日あなたの言葉を聴いて、この作業をくり返しています。

細胞が喜んで動き出すような話を、たくさんしてください。

愛を渡して
〝ほっこり〟しよう

私たちの体は、血の循環が悪くなれば、調子がくずれてコリが生じます。

それと同様に、気の循環が悪くなれば、気分がすぐれなくて心にコリが生じます。それがイライラ。

すると、穏やかな自分でいたいのに、それができなくなってますますイライラし、悪循環に陥ります。

これを一気に解決するには、心身ともに愛を循環させるのがいちばんです。

まず、体に愛を注いで、冷えた手足を温めてコリをほぐしましょう。

次は、心です。

心に愛を通わせるために、だれかほかの人にあなたの愛を差し出しましょう。

「そんな余裕はない」って思わないで。余裕がないのはあなたの縮こまった心で、愛は無限にあふれます。

勇気を出して、元気のない人や困っている人に声をかけましょう。自分がなにかできたとき、愛の気がめぐって心も体も温かくなりますよ。

〝気高いあなた〟がここにいる

自分の卑しい部分、情けない部分、どうしようもない部分をいちばんよく知っているのは自分です。

でも、あなたの認識している自分は、ほんの一部です。

もしも、あなたの前で倒れた人が息も絶え絶えだったら、あなたはなにを差し置いても助けようとするでしょう?

もしも、あなたの目の前で幼児が車道に飛び出したら、あなたは思わずかけ寄って救い出そうとするでしょう?

〝とっさのとき、見ず知らずの人のために自分を投げ出せる〟

人間は、そういう無償の愛を持ち備えているから、気高く尊いのです。

普段のあなたは、いろんなことを考え過ぎて葛藤が絶えないかもしれないけれど、もともとはシンプルな〝愛の人〟なんですね。

「人のために迷わず生きられたら、どんなに幸せだろう……」と、ふと胸の奥で思うあなたを大切にしてください。

悲しみに沈んでいるとき

泣きたかったら
今、泣いていいよ

あなたの心は今にも壊れそうなのに、なんでもないように振る舞って……

本当は泣きたいのに、ガマンばかりして……

もう、自分にウソをつかないで。

怒りや悲しみを抑えつけたまま、ずっと聴く耳を持たなければ、いつか感情が爆発して心はバラバラになってしまいます。

人間は、笑いたいときに笑うように、泣きたいときには泣くほうが、ずっと自然です。

悔し泣きをしたら、なにかマズイんですか？

涙がかれるまで泣いたら、いけないんですか？

あなたの疲れた心は、涙でつらい感情を洗い流して、懸命にバランスをとろうとしています。

だから、もうガマンしないで。

涙が出るままに任せて、思いきり泣いてください。

傷ついたら
まっ先に自分を癒して

あなたは傷つくたびに、そうなったわけをあれこれ考え、心の中で自分を責めたり、うらみごとを並べたりしていませんか?

それでは、あなたの傷口は広がる一方です。

まっ先に傷口をふさいで、苦痛をやわらげましょう。

胸の奥から突き上げてくる「悲しい」「悔しい」「情けない」といったやり場のない感情をすべて集めます。

目を閉じて、「悲しい!」と叫んで、怒りとともにその感情を吐き出します。

そうして、ひとつひとつの感情を体中で味わい尽くすんです。

泣けてきたら泣きましょう。叫びたくなったら大声で叫びましょう。

あるところまで盛り上がった感情は、ピークを越えたとたんに、不思議なくらいシュルシュルとしぼんでいきます。

この瞬間に、あなたに癒しが起こります。

心がラクになるまで、このエネルギーワークを続けてみてください。

一度も傷ついたことのない人なんて
どこにもいない

心がズタズタに引き裂かれると、自分だけが真っ暗闇に放り出されたようなショックを受けて、「こんな気持ちは、だれにもわからない」と思います。

でも、本当はみんな知っています。心をえぐられるような悲しみを味わって、それをひとつずつ乗り越えて生きているんです。

自分が深く傷つくと、その分だけ人の痛みもわかるようになります。

だから、あなたのやさしさで相手をくるんで、もっと心を通わせることができるようになるんですね。

もし今、あなたが「どうして私だけこんなことになるの?」となげいているとしたら、こう思ってみて。

「あしたには、この悲しみはやわらいでいる」

痛みをそっと抱きしめて眠れば、やさしいあしたを迎えられますよ。

ありがたいことに、神さまは、〝悲しみは風化していく〟という性質を人間に与えてくれたから。

心が痛いのは
大切なことを受けとっている証拠

人生でころべば、だれだってつらい思いをします。

悔しかったり、情けなかったり、怒りがこみあげたりします。それで、心がズキズキと痛みます。

だけど、もしあなたが人生でころんだら、そのまま地べたにはいつくばって目をこらして辺《あた》りを見まわしましょう。

目に触れたものに自分を映し出して、じっくり観察するんです。

そうすれば、普段はうっかり見過ごしていることに、きっと気づくから。

順風満帆のときは、だれだってころばないで進みたいと思うけれど、それでもころんだときは、一度立ち止まって自省する必要があるんです。

きっと、その時点で改めるほうが、もっと大きな幸せを手にできるから。人間的にも、もっと成長できるからです。

自分が納得できる〝気づき〟を得てから、ゆっくり立ち上がりましょう。

これが、どんなに悲惨な目にあっても運気をなくさない方法です。

なにがあっても

あなたは　だいじょうぶ

予想もしない人生の出来事は、突如おそいかかる嵐のように、これまで積みあげてきたものをめちゃくちゃにしてしまいます。

嵐にあって心がずぶぬれになると、最初は怒っていても、しだいに自己嫌悪に陥って自信をなくしていくんですね。

あなたは今、「こんなはずじゃなかった……」と途方にくれているかもしれません。でも、ぬれた心を乾かせば、水分はぜんぶ〝心の栄養〟になるから心配しないで。

どんなときも、あなたが自分を嫌えば、不幸になるのはあなたです。

だけど、「ずぶぬれの自分も捨てたもんじゃない」と思って顔をあげれば、しだいに勇気がよみがえってきます。

そのたびに、あなたはたくましくなっていくんです。

今は涙が乾くまで、この言葉を自分のためにいってみて。

「なにがあっても、私は私をぜったいに見捨てない！」

思い通りにいかないのは
〝いいこと〟かもしれない

「この病気さえなければ」「この借金さえなければ」「あの上司さえいなければ」という具合に、私たちは思い通りにならないものが目の前にあると、「コレさえなければ幸せになれるのに」と考えてしまいます。

でも、そう考えているあいだは、本当の幸せには出会えません。

本当の幸せとは、決してすべてが思い通りにいくことではないからです。

人生につらいことや悲しいことが起こるのは、それを体験する中で見出していく〝すばらしいもの〟があるから。

ままならない出来事は、あなたが拒絶するためにあるんじゃなくて、あなたがそれを受け入れるためにあるんです。

だから、もう「この病気さえなければ」と思わないで。「この病気とともに生きる」と考えましょう。

理想の人生って、理想的じゃない中から築きあげていくものなんです。

生きていくって、埋もれているたくさんの幸せを見つけることなんです。

叱られたときは
自分が試されたとき

自分が叱られて「ありがたい」と思えるときはいいんですが、叱られたわけが腑《ふ》に落ちなかったり、相手のいい方にムカつくときがあります。

「どうして私が叱られるの?」と思ったらすぐに、「私には見込みがあるからにちがいない」と頭を切り替えましょう。

相手のことは、わざわざ時間を費やして忠告してくれた〝貴重なアドバイスマシン〟と割り切ります。

その作業をやりそこなうと、「叱られた内容」よりも「叱られたこと」を根に持って、恨みがましいあなたになってしまいます。

怒りは自分を追いつめ、その場と相手との関係を破壊するだけで、なにひとついいことはありません。腹を立てたら負けなんです。

だから、「自分に起こることは、ぜんぶいいことにする」という気構えで、叱られた内容のみに意識を集中して、改善に努めましょう。

その態度が認められて、「叱られるのも悪くない」ということになりますよ。

失ったものより
残されたものを感じて

あなたは、ものすごく大切なものをなくしたとき、それが人でも品物でも、仕事でも健康でも、自信でも愛でも……

ずっと悔やんで、失ったものを惜しんで過ごしていませんか？

そうしているあいだに、あなたは時間だけでなく、もっと重要なことを見落としています。

「残されたもののほうが、今の自分には価値がある」という真実です。

価値があるとは、「自分を幸せにしてくれる力がある」という意味。

失ったものがどんなにすばらしいものでも、それにとらわれているあいだは、心は過去の出来事に支配されています。

過去は、記憶として今のあなたにあるだけで、記憶があなたの現実ではありません。

生身のあなたが生きているのは、今という「真新しいとき」です。

そこに新たな幸せを構築することで、悲しみから復活できるんです。

「おわり」はいつも
「はじまり」と背中合わせ

恋愛とか、楽しかったイベントとか、仕事のデキとか、おわった出来事に心が残ることがあります。

心が残るとは、「停滞する」とか「活気がなくなる」ということで、川の水にたとえれば「よどむ」ということなんですね。

視点を変えて見てみましょう。それは、〝次に生まれていることに早く目を向けて〟というサインです。

冬がおわって春がくるように、おわった瞬間に新しいものが生まれています。あなたが気がつかないうちに、次の恋や仕事を成功させるプロセスが、すでにはじまっているんです。

大切なことは、おわった春のことを思いながら、夏を過ごさないことです。夏のよさを知ろうとするあなたがいなければ、夏は楽しくならないから。

常に「はじまっているほう」を意識していくと、ものごとの展開がスムーズになるだけじゃなくて、いつも新鮮でいられますよ。

あなたの代わりは
どこにもいない

どうしても自分を好きになれなくて、人をうらやんでばかりいたころ、私は「自分をまるっと取り替えたい！」と思っていました。

考えてみれば、本人が好きになれないような人間を、ほかの人が好いてくれるはずもありません。

やりきれなくなった私は、鏡に映った自分の顔をにらみつけて、「おまえなんか、いてもいなくてもいいんだ」と吐き捨てるようにいいました。

すると突然、「取り替えようにも代わりがない、唯一の存在……」という思いが胸に突きあげてきました。散々自分をなじって粗末に扱ったことが、急に申し訳なくなって、私ははらはらと涙をこぼしました。

自分の存在価値をいちばんわかってなかったのは、私自身だったのです。

唯一の存在ということは、どんなに探しても世界にひとり、この世にたったひとりしかいないということです。

それが、あなたなのです。

あなたははじめから
幸せだったと気づいて

「いったい自分は、今どのくらい幸せで、どのくらい不幸なんだろう?」と思ったことがありますか? 私は頭をかかえたことがあります。

だって、どんなに喜んでいても、他人のひと言で簡単に幸不幸が逆転することはしょっちゅうだったし、なんの努力もしない赤ちゃんが、世界一幸せそうに見えるのが不思議だったからです。

その答えを二十年も求め続けて、やっとわかりました。

自分の身に降りかかる出来事で、幸不幸が決まるんじゃなかったんですね。身に降りかかる出来事を、どうとらえるかという〝ひとりひとりの心〟が、幸不幸を決めているんです。

ということは、あなたの心が「私は不幸だ」と決めるまでは、どんな出来事もどんな人の言葉も、あなたを不幸にすることはできません。

あなたは、赤ちゃんのように〝はじめから幸せ〟だったんです。

それがわかれば、ほかの人の幸せを妬《ねた》む気持ちがなくなりますよ。

あなたの価値は、無限大！

〝自分の価値〟が、あなたの中で揺れていませんか？

まわりに合わせようとするうちに、「どれが本当の自分かわからなくなった」ということはありませんか？

自分がちっぽけな存在に思えて、自分の価値が見出せないのは苦しいものです。私もずいぶん混乱して、苦悩の日々を過ごした経験があります。

そこで、ようやくたどり着いた結論は、

「自分はどこへもいかない。だけど、たえず変化している」

「触れ合う縁によって、いろいろな自分が現れては、また消えていく」

「どんなときも、今ここにいる自分がすべてで、自分はそれ以上でも以下でもない」ということでした。

あなたは、縁に応じて自在に可能性を発揮するすばらしい存在なんです。

だから、ぜったいに自分のことを「ちっぽけだ」なんて思わないで。

小さな鋳型にはめて、自分を悲しませないでください。

あなたという花が
世界に一輪ひらく

世界で自分しか持ってないんだから、比較のしようがないもの。

それが〝個性〟です。親から受け継いだ容姿、才能、性格は、あなただけが獲得した〝あなたらしさ〟なんです。

それぞれの個性に、「違い」はあっても「優劣」はありません。

その違いを見出し、自分を受け入れていくことが「自分発見」なんですね。

だから、優劣にとらわれて個性を見比べるのはやめましょう。自分を発見する前に、自分を拒絶してしまう恐れがあります。

りんごはりんご、バラはバラ。私は私の花しか咲かせることができないけど、それはなんという幸せなことでしょう。

私が〝自分らしさ〟に目覚めたのは、それまで欠点だと思い込んでいた顔や方向音痴を、「これが私の個性か……」と理解したときからでした。

そのときから、愉快という花が咲きはじめました。

もう人と比べないで、思いっきり〝あなたらしく〟生きましょう。

いちばんの親友は
すぐそこにいる

あなたがヘマをしても、ドジを踏んでも、ハジをかいても、「平気、平気」といって受け入れてくれる親友がいたら、ものすごく安心ですよね。

どんなに悲しくても、苦しくても、腹を立てても、「わかる、わかる」となぐさめてくれる親友がいたら、とっても心強いですよね。

あなたの事情をいちばんよく理解して、胸の痛みをだれよりもわかっているのは、だれだと思いますか？

それは、あなた自身です。だから、自分が自分の親友になりましょう。

この親友は、なにがあっても絶対にあなたのことを非難しないで、どんなときも親切に面倒を見てくれます。

涙が心を伝ったときは、傷ついたあなたをそっと抱きかかえて、かたわらに寄り添っていてくれます。

そんなふうに愛されたら、あなたはきっと元気をとり戻すと思います。

今こそ、いっさいあなたを否定しない親友を、心に迎え入れてください。

いつか死ぬこと以外
まだ、なんにも決まってないんだよ

もし、あなたが「つらくて死にたい」といったら、私はこういうでしょう。

「心配しなくても、あなたはもれなく死ねます。だから今は、その前にできることを考えましょう」って。

いずれ死ぬということは変えられなくても、死ぬまでにやれることなら、いくらでも変えられます。思いつくだけ行動に移せばいいんです。

もしあなたが、なにもかも放り出したいくらい苦しかったら、「時のレンズ」をズズ～と引いて〝現在の自分〟を見てみましょう。

生を受けてから死ぬまでの何十年を、けなげに生きているあなたがいます。

あと何年くらい、今の人生を楽しむ時間がありそうですか?

もう一枚、今度は「地球のレンズ」に取り替えてのぞいてみましょう。

日本という小さな国に、あなたはいます。でもちょっと横を見れば、生き延びようと必死になってあえいでいる人たちが見えます。

あなたは、いったいなにをそんなに思いつめているのでしょうか……

心が波立っているとき

そんなに忙しくしないで
心が悲鳴をあげてるよ

「忙しい、忙しい」と動きまわっている自分に、知らないうちに起こっていることを考えてみましょう。

あのとき、ふと空を見上げれば、夕焼けが一面に広がっていたのに……

あのとき、ふと目を落とせば、道端にかわいい花が咲いていたのに……

あのとき、あなたと話したがっていた人のさみしげな顔が、すぐ近くにあったのに……なにひとつ、目に入りませんでしたか?

あの日、親切にいってくれた忠告も、聞き流していませんでしたか?

自分のまわりに吹く〝やさしい風〟にも気がつかないで、あなたはどこへいこうとしているのでしょう。

あなたが今していることは、こんな状態になるまで心を追い込んで、それでも続ける価値のあることですか?

今ならまだ間に合います。「忙」という字が「心を亡くす」と書く意味を、真剣に考えてみましょう。

ムリをしないで
笑顔でやれるところまで

私は、「自分がどんどんすりへっていく」と感じたとき、「こんなにやっても報われないのか……」と情けなくなりました。

今ふり返れば、当時の私は〝優秀なだれかほかの人〟になろうとして、ムリをしていたと思います。だから自分がすりへっていったんですね。

私は私にしかなれないし、私は私でいればいいのに。

それからは「笑顔でやれるところまでがんばったらＯＫ！」といい聞かせて、顔が引きつってきたら、そこでやめるか休むことにしました。

あなたの最高の表情は、〝笑顔〟です。

笑顔と心のゆとりは連動していて、表れるのも消えるのもいっしょです。

あなたが疲れて笑顔を保てなくなったときは、自分のよさを発揮できなくなったときです。

いつも余裕で動けるように、気持ちよく仕事を続けられるように、自分の限界をきちんと把握しましょう。

イライラを昇華させる
得意技を見つけよう

疲れて心が波立ってくると、知らないうちに口調がきつくなります。

もし、そんなときに攻撃されようものなら、思わず相手に食ってかかるかもしれません。

そんなことになる前に、ちょっと手をとめませんか？

「イライラしてきたな」と感じたら、自分をいたわる時間だと思って。

そのときの状況に適した気分転換をするんです。

ゆっくりお茶をいれる。甘いものを口にする。ストレッチをする。歌を歌う。好きな人の声を聴く。屋外を散歩する……

ほんの数分のことで、そのあとの何時間かが生き返ります。

忙しくて「できない」んじゃなくて、忙しいから「やるべき」なんですね。

人間だもの。気力と体力には限りがあります。

だからこそ、自分にいちばん合った「イライラ昇華法」を、日ごろから準備しておきましょう。

自分なりにできること
それが今の実力

あなたの実力は、あなたがそれまで「積み重ねてきたこと」の結果です。

本来ならば、そのときどきの「自分の成果」を発表するのはワクワクする楽しいことのはず。

ところが、実力以上の結果を出そうとしてリキむと、自信よりも不安のほうがふくらんですっかり緊張してしまいます。

「力が出せなかったらどうしよう……」といくら心配しても仕方がありません。

そこで発揮できた力が、今のあなたの実力だから。

どんなに悪条件が重なっても、どんなプレッシャーがあっても、ひどい上がり性でも、その条件のもとで出せた力が実力なんです。

だから、いつでも「自分なりにできればいい」と吹っ切っておきましょう。

すると肩の力が抜けて、いい感じで勇気がわいてきます。勇気は、あなたが持っている力をめいっぱい引き出すスイッチなんですね。

それがオンになれば、あなたはきっと自分の結果に満足しますよ。

まわりのことは
気にはかけても　苦にしない

まわりにも気遣うやさしい自分でありたい、と思っているあなた。

でも、それでまわりの人の言動に振りまわされたり、あなたがいっしょに悩んでしまうと、苦しみを背負い込むことになります。

「まわりのことは、気にはかけても苦にしない」というのは、人にやさしくしても、その出来事をあなたの〝苦しみの種〟にはしないということ。

「じゃまたね」と別れて自分の世界に戻ったら、あなたの心を、自分の快適な空間に戻してあげましょう。

一〇〇パーセント頭を切り替え、相談された内容やほかの人の言動について、それ以上は考えないようにしましょう。

そのときその場で自分のできることをして、あとは一線を引くつもりで。

まわりの人たちに、ずっとやさしく接したいと思えばこそ、「相手に期待させるような約束をしない」「頼まれごとを安請け合いしない」という態度が必要なんです。

やさしい自分でいたいから
むやみに人に期待しない

あなたが興奮して、「期待してるからね！」と人にいうときは、かならず、そうなったら自分に都合のいいときです。

あなたが人に絶望するのは、自分で勝手に期待をふくらませて、それが裏目に出たときです。

期待の正体は「こうなればいい」という自分の好都合。それがちょうど相手の好都合と重なれば、「期待してるよ」「うん、ありがとう」というやりとりになります。

でも〝期待〟は、言葉の響きはきれいですが、もともとが欲望なんです。

だから、期待を裏切られると、どうしても腹が立つんですね。あなたは、大なり小なりアテがはずれてがっかりすると思います。

はじめから、がっかりしない付き合い方をしませんか？

期待しないで、「ただ見守る」「ただ応援する」んです。

すると、相手に寄せる思いが、やさしさという愛になるから。

もう人を責めないで
互いに傷つけ合わないで

人を責めるとき、「悪いのはあなたのほうよ」と心の中で叫んでいます。

相手を責めてみても、落ち込ませるか、逆切れさせるのがオチなのに。

互いに傷つけ合うだけで、なんの解決にもならないのに。

それを承知しているから、「自分は責められたくない」とみんな思っています。

だったら、自分が人にされたくないことは、だれにもしないに限ります。

私は、傷つけ合う関係にほとほと嫌気がさして、どうすれば避けられるかをずっと考えてきました。

出た結論は、「責められても、責めない」でした。

たとえ自分が責められても、相手に切り返さないで、「自分には悪気はなかった」と伝えるだけにしたんです。

すると、相手がどんなにカリカリしても、自分は冷静でいられるようになって、相手の気持ちを察するゆとりが生まれました。

攻撃は防御ではありません。いっさい責めなければ、自分を守れるんです。

問いただすより受けとめよう
そのほうがきっとうまくいく

相手に不審を抱くと、「真意を問いただしたい」と思います。

でも、ちょっと待ってください。あなたがその人を傷つけたくなければ、問いただす前に、自分の感情をチェックしてみましょう。

相手を責めるモードになっていませんか?

そのまま「どうして~したの?」と質問すれば、「ひどい。見そこなったわ」というトーンで伝わりかねません。

恐らく相手は、反発するか萎縮《いしゅく》して、重苦しい空気になるでしょう。

あなたが疑念を抱いたのは、相手の言動を〝不自然〟に感じたから。

ということは、相手にも〝それなりの理由〟があるかもしれません。

あなたの気持ちを、「相手の事情を受けとめたい。わかってあげよう」というモードに切り替えて、それから声をかけませんか?

そうすれば、「どうして~したの? 私に聴かせて」という言葉が、やさしいトーンで相手の胸に響くでしょう。

すべてを許せば
あなたの心がラクになる

自分が傷つけられたとしても、その相手を憎むのはやめましょう。そのことで、自分自身をさらに傷つけることになるからです。

あなたが憎しみや怒りを溜めると、心身に強いダメージを与えます。

もし、あなたが傷ついてどうしても相手を許せないときは、「傷ついた自分の過去」を許しましょう。

あなたにつらい思いをさせた「出来事そのもの」を許すのです。

許すというのは、人間だけができるもっとも偉大な行為です。だから、許すことによって、許した本人が救われるようになっているんですね。

すべてを許せば、一連のつらい体験は〝あなたの心の糧《かて》〟になって、じきにあなたを助けてくれるでしょう。

だから、自分を、人を、過去を許すという〝最大の愛〟を学んでください。

過去にかかわった人に対する憎しみを、出来事とともに記憶から溶かして、あなた自身を苦しみから解放しましょう。

許すとは、忘れること

許せないときは向き合って

許す愛とは、〝忘れてあげる愛〟です。

忘れるといっても記憶がなくなるわけじゃなくて、それはなかったことにして、いっさい根に持たないという意味です。

だけど、あなたがどうしても許せないときは、自分をごまかさないで。

そのまま放っておいて、感情が強い憎しみに変わると、心の奥にもぐり込んでトラウマになる恐れがあるからです。

すると、許せない相手と似たような人を毛嫌いしたり、同じような出来事に過剰反応して、心がとてもきゅうくつになります。

あなたが許せない出来事は、相手とのコミュニケーションを深めるきっかけだと思って、冷静に、素直に、自分の気持ちを伝えましょう。

まず自分が傷ついたことを説明して、次に相手の話をじっくり聴くんです。

目的は、あくまでも「お互いの立場の違いを理解すること」ですよ。

理解さえできれば、あなたはきっと相手を許すことができると思います。

傷つくことを恐れなかったら
他人はこわくない

私は以前、「無防備だと、他人の言葉に傷つけられる」と思い込んで、大げさなヨロイを心にまとって、自分を防御しようとしたことがあります。

それで安心できるはずが、結果的にはもっと傷つきました。なぜなら、だれも本当の私をわかってくれなくなったから。

警戒心のかたまりになって、虚像の自分を演じながら、不本意なことをいわれるたびに、「いったい私は、なにから自分を守ろうとしてるんだろう……」と悲しくなりました。

人の心を開く鍵は、〝先に自分の心を開いてみせる〟ことなのに、まるで正反対のことをしていたんですね。

もしあなたが、自分が傷つくことを恐れて心にヨロイを着せていたら、それはまったく役に立ちませんよ。

傷ついても傷ついても、そこから立ち直ろうとするとき、人はたくましくなっていくんです。だから、もう恐れないで、あなたから心を開いて。

あなたの弱さは
だれかを包み込むためのもの

あなたは、「自分の弱さは、人に見せるものじゃない」と思っていますか？

だとしたら、「弱いことはよくない」「弱いとバカにされる」という勘違いをしているかもしれませんね。

弱い人ほど、「強くなりたい」と願っています。でも、弱さを否定して隠そうとするから、かならず弱さに振りまわされるんですね。

そう思ったら、この場で自分の弱さを受け入れてください。

あなたの弱さは、みんなが抱えて手を焼いている〝人間の持つ弱さ〟だということを知りましょう。

本当の強さは、だれに対しても「そのままでいい。いっしょだよ」と、相手の弱さをのみ込んでしまうやさしさをいうんです。

必要なら、自分の弱さを語って聴かせてあげられるのが強い人です。

あなたの弱さは、そういう強さといっしょに、いつもあなたの中にあります。

だから、もう自分の弱さを嫌わないで。

ぬくもりを求める人から
ぬくもりをもたらす人になろう

もしあなたが、だれかの温かい言葉を待っているなら、だれかに温かい言葉をかけませんか?

もし、やさしい笑顔を待っているなら、人に笑いかけませんか?

あなたが求めるものは、あなたが先に渡すことで得られます。

苦しくて与えるのがむずかしそうなときほど、勇気をふるって、もっと心が冷えている人にあなたのぬくもりをあげてください。

私はずいぶん長らく、ぬくもりに飢えてさまよっていました。

そんな私が心の本を執筆するようになったきっかけは、あるとき、自分が無条件で宇宙から愛されていると感じたからです。

私たち全員が、この愛によって生かされていると実感したからです。

残りの人生を、それを伝えることに捧げようと決意しました。

その結果、自分を差し出すことが、与えられることだと知ったのです。

私は今、涙が出るほど温かい言葉を、みなさんから受けとっています。

無邪気になって
心から、自分を楽しもう

無邪気とは、心に邪気がなく、ヨコシマな考えのないことです。

無邪気なあなたとは、まっすぐで悪意のない、幼子のようなあなたです。

その波動がいっしょにいる相手に伝わって、ふたたび自分に跳ね返ってきます。私たちは常に、対象になるものを通して〝自分〟を感じているのです。

だから、あなたが無邪気でいたら、自分のことをかわいらしく感じて、自分のすることをもっと好きになるでしょう。

ところが、心に邪気が広がると、猜疑心《さいぎしん》がふくらんで意地を張ったり、裏をかいたり、意地悪したりするようになります。

相手を通して、その波動も自分に跳ね返ってきます。相手のネガティブな気持ちを、あなたが引き出してしまうんですね。

いつも無邪気でいるコツは、相手がどんな態度をとっても、なにかマズイことがあっても、あなたは明るい表情と明るい言葉で押し通すことです。

ニコッと微笑んで「まっ、いいか」というと、邪気がふるい落とされますよ。

小さな幸せを感じる力を
にぶらせないで

私たちは、うれしいことがあると〝幸せ〟を感じます。

うれしいことは、年齢や状況でどんどん変化していきます。

子どものころは、空を流れる雲を見ているだけでうれしくなって、想像の世界にいれば、いくらでも幸せになれましたよね。

はじめて恋をしたときは、いつもの景色がキラキラ輝いて見えて、好きな人のことを思うだけで幸せだった……そうでしょう？

だけど、もっと大きな幸せを感じたくて、あなたは知らないうちに「幸せを手に入れるためのガマン」をして暮らしていませんか？

あなたは、いつでも幸せを頭で判断しようとするけれど、幸せを感じとるのは〝素直な心〟です。

ささやかなことにも「幸せ！」と感じる力があれば、それでいいんです。

もしあなたが、立派な業績や一流店の品物を心のよりどころにしていたら、もう一度、素朴な幸せにウルウルする自分をとり戻しましょう。

道に迷ったとき

あなたが今
本当にしたいことは？

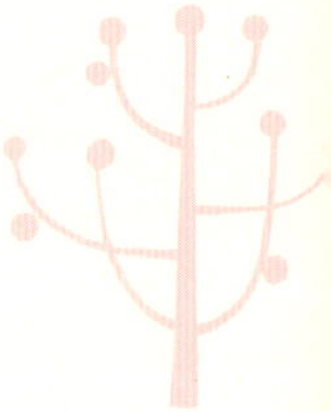

「～しなければならない」というフレーズが頭の中をかけめぐると、まわりにもつい、「あなたは～すべきよ」という勢いで迫ってしまいます。

それで、〝完璧〟にしたいのに思うようにならないと、イライラして怒り出すか、みるみる沈んでいきます。

完璧主義には、おわりがありません。

なにをするにも心が緊張状態にあって、とても疲れます。

あなたがそこから脱したいと思ったら、もう〝完璧〟を押しつけないこと。

「これもしなくちゃダメ……あれもしなくちゃダメ」とあせり出したら、深呼吸して気持ちを落ち着けてから、自分に尋ねましょう。

「本当は、今どうしたい？」

「パスしたい」とか「ぐうたらしたい」と、仕様もない答えが返ってきたらしめたもの。迷わず、それを実行しましょう。

一日十五分でいいから、心の遊びをする時間を自分にあげてください。

考えてばかりいても
考えたようにならないよ

悩み出すと、頭の中は堂々めぐりがはじまります。

困ることばかりを次から次へと空想して、身動きがとれなくなります。

悩みは、「自分はこうする」と決定するまで続きます。だから、少しでも早く結論を出して、苦しくてムダな時間を縮めましょう。

「どうしよう……」と迷い出したら、とにかく考えることをやめます。

考えて申し分のない結論を出そうとしないで、〝直感〟でひらめいたことを、そのときの結論にするんです。

悩んだときは、「あなたの直感が、あなたの結論」なんです。

直感は、信じれば冴えてきます。堂々めぐりからも解放されます。

どんなに考えたって、思うようにならないのが人生です。その分、体験からたくさん学べるようになっているんですね。

リハーサルなしのぶっつけ本番が人生なんだから、直感にしたがって想定外の展開を楽しみませんか？

ちょっとソンして生きても
いいじゃない

私は若いとき、「抜け目なく振る舞って、ぜったいに社会の勝ち組になる！」とがんばっていました。

でも、勝ち続けるなんて不可能な話。山は登れば下るようにできているし、張りつめた糸はゆるめなければ切れてしまいます。

案の定、私は体をこわして山をころげ落ち、そのことを自覚しました。

ボロボロになった自分を抱きしめて、「これからはソン・トクにこだわらないで、心穏やかな生き方をしよう」と心から反省しました。

そのとき思いついたのが、「ちょっとソンして生きよう」ということ。

すると、それから気軽に人に譲れるようになりました。また、過度の緊張から解き放たれて、心がラクになりました。

人に譲ることは、けして負けることではなかったんですね。

むしろ逆です。人に与えて、以前よりも好かれるようになって幸せを味わいました。私はとってもトクしたんです。

あなたの時間は
あなたの命の時間

心から充実した時間を過ごすと、「生きててよかったぁ」と感じます。

そうやってあなたの時間を輝かせることは、あなたの命を輝かせることなんですね。

「あるのが当然」と思って、人生に与えられた時間をいいかげんに扱うことは、「生きられて当然」と思って、命を粗末にするのといっしょです。

あなたが会社勤めをしているとしたら、あなたは毎日八時間、会社に自分の命を捧げているわけです。

もし、その時間が無意味だったら、いやいや過ごしていたら、あなたは自分の命をムダに減らしていることになります。

アフターファイブも同じ。眠りにつくまでの時間が楽しくなかったら、疲れてグチをこぼすだけだったら、あなたの命は輝きようがありません。

今日を生きられるのが当たり前じゃないように、〝とき〟は二度と戻らない貴重なものです。命の時間を、もっと大切に!

今しかない
でも、今があるってありがたい

どんなに悔やんでも、過ぎ去った時間は返ってきません。

だから未練は、断ち切るしかないんですね。

未練とか後悔は、心を過去へ過去へと引き戻しますが、あなたは過去にも戻れないし、前にも進めなくなって苦しむだけです。

そんなときは、いさぎよく後悔や未練を遠ざけて、「今に生きよう」という気持ちを奮い起こしてください。

喜び、幸せ、感動を実感できるのは、今だけです。

立ち直って、ふたたび希望を抱けるのも、今だけです。

その今、あなたが過去の出来事を完結させて、その出来事に対する感情を整理すれば、未練や後悔をぬぐい去ることができます。

あなたに与えられているのは〝今だけ〟だけど、それがあればなんでもできるんです。

さあ、今に意識を集中させて、未来の扉を開きましょう。

毎日使う言葉が
〝あなた〟を創っている

私がアナウンサーだったとき、言葉は商売道具でした。

その道具をとり扱ううちに、言葉のむなしさも魅力もわかってきました。

むなしい言葉とは、相手を傷つける武器として使われた言葉。口にしないほうがよかったと思うような言葉。

たぶんあなたも、言葉の暴力で傷ついた経験があると思います。

逆に、魅力のある言葉とは、愛を運ぶ道具として使われた言葉。自分や人を幸せにするような尊い言葉。

あなたは、そういう言葉に癒された経験もあるでしょう。

言葉は、単なる伝達手段ではありません。それ以上の〝言葉そのものが持つ威力〟を秘めています。

自分を創りあげる力や、運を引き寄せる力がそうです。

だから、吟味して言葉を使いましょう。あなたが日々口にする言葉の影響を、あなた自身が受けないはずはないからです。

「ありがとう」だけじゃなくて
「有難う」っていえたらいい

なにかしてもらったら〝お礼〟をいうのは当たり前ですが、困難や災難にあったとき、あなたは「ありがとう」といえますか？

「ありがとう」を漢字にすると「有難う」になります。語源は、めったにない（有難《ありがた》し）ということなんですが、「難が有る」と書いてありがとうと読むことに、私は別の意味を感じます。

人間は、困難を乗り越えようとするときに、多くを学んで躍進します。

そうやって自分を磨いていくことが、人間に生まれた最大の使命かもしれません。だから、あなたが人間として成長を遂げたいと願えば、〝災難はまたとないチャンス〟になるんですね。

人生でたいへんな事態に陥ったら、「今、自分には、この問題を乗り切る力が与えられたんだ」と考えましょう。

「有難う。ありがとう。有難う……」と心が静まるまでくり返してください。

そうすれば、きっとこわくなくなって勇気がわいてくるから。

希望と
希望のあいまに
苦労がころがってる

「苦労ばかりの人生」という人がいますが、もし本当に苦労しかなかったら、私たちはつぶれてしまうでしょう。

そこにはかならず〝希望〟があるから、乗り越えていけるんです。

人生のちょっとした楽しみから、膨大な夢の実現まで、ひとりひとりに生きる力を与えてくれるのは希望です。

その希望を、いつも新鮮な気持ちで抱けるように、あいまに苦労が顔を出して気分を引き締めてくれているのかもしれません。

世の中のすべてのことは、「希望という縦糸」と、「苦労という横糸」で織り成されています。

だから、あなたは希望に生きているけれど、苦労もあると知っています。

苦労は避けられないから、ますます希望が大切になるんですね。

これからは苦労に気を奪われないで。いつも希望に顔を向けて、人生という「希望と苦労のスラローム」を楽しみましょう。

一度きりの人生だから
〝大きな志〟を持って生きよう

自分の将来を思い浮かべるとき、そこには「人を喜ばせている自分」や「世の中に役立っている自分」がいますか?

あなたは幸せになるために生まれてきたけれど、その人生は、あなたが求める〝幸せの中身〟によって大きく変わります。

私たちの欲望は、人間的成長にともなって五つの段階を経ていきます。

まずは「生理的な三大欲求」にはじまって、「身の安全を守りたい欲求」「人とつながりたい欲求」「人から認められたい欲求」と続きます。

人間の最終段階にあるのは、「自己実現の欲求=奉仕欲求」です。

これらが日々バランスをとりながら、ときには重なり合って、ひとりひとりの生き様を浮き彫りにしています。

〝大きな志〟とは、「自分の夢を叶えて社会に貢献したい」という欲求を満たそうとする熱い思い。

そこに達してこそ知り得る〝至上の喜び〟を、ぜひ味わってください。

人生のひとコマひとコマを
〝感動〟で飾ろう

もし、人生から〝感動〟が消えたら、とたんに毎日がつまらなくなります。

私たちにとって感動は、無尽蔵にわきあがる最大の刺激。「これさえあればボケ知らず」といわれる快感です。

「なかなか感動できない」というあなた。たくさん感動するコツは、どんなことも手を抜かないで〝ひたむき〟になることです。

もしあなたが、ハンマーを片手にややこしいところに釘を打とうとしたら、一点に神経を集中させるでしょう。

それと同じで、空をながめるときも、人の話を聴くときも、人の気持ちを思いやるときも、ひたむきなあなたがいたら……

目の前にある面倒なことを片付けるときも、つらい出来事を乗り越えようとするときも、まっすぐコトに向かうあなたがいたら……

きっと、小さな喜びを見逃さないはず。そこに感動があります。

なんでもひたむきにする純粋な気持ちが、感動の大きな受け皿なんです。

いい生活より
いい人生を！

あなたは、「いい生活」と「いい人生」のどちらがほしいですか？

これまで多くの日本人が、いい生活だけを求めて〝いい人生を送ること〟を考えてこなかったような気がします。

いい生活は、お金があって自由にモノを買うことができれば叶います。

でも、それで得られるのは一時的な満足です。

人間はすぐに一時的な満足に慣れて、よりいいモノがないと幸せじゃないと思うようになるんですね。

もしかしたら、私たちは生活が豊かになって、やっと「お金では買えないものの価値」に目覚めたのかもしれません。

モノよりも〝温かい触れ合い〟を、お金よりも〝自由な時間〟を、保障よりも〝夢〟を……というように。

あなたが人生に幕を下ろすとき、「いい生活をした」といっておわるよりも、「いい人生だった」といっておわるほうが、心豊かだと思いませんか？

なにが正しいかより
なにが美しいかを感じて

「正しいことをしよう」と思うと、そうでない人を裁きたくなります。

なにかを「正しい」と判断すれば、そうでないものに対して「間違ってる」と主張したくなります。

正否を追求していくと、その先にあるのはいつも〝戦い〟です。

あなたがなにかを判断したり、選ぼうと思ったら、「自分にとって、それが美しいかどうか」を考えましょう。

ということは、基準は、あなたの〝心の美しさ〟です。

心の美しさは、感性を磨きあげることで深まっていきます。

あなたがいつも、「なにが美しいか」に心を集めて生きていけば、あなたの中から〝慈しみ〟の感情が引き出されてきます。

慈しむ心がなければ、そこにある美しさを感じとれないんですね。

なにが美しいかを見極められるようになったら、そうでないものに対して、そっとしておくとか、あわれみの気持ちを抱くようになりますよ。

いつも喜びの火を
心にともし続けよう

同じような環境で、同じように働いているふたりなのに、「心の中は正反対」ということがよくあります。

これは、その人が行動するときの〝動機〟の違いなんですね。

あなたは、「〜ならないようにこうしよう」と思うことが多いですか？

それとも、「〜したいからこうしよう」と思うことが多いですか？

たとえば、生活に困らないように働くのか、仕事が楽しいから働くのか。

仲間はずれにされないように付き合うのか、おもしろいから付き合うのか。

あなたの動機が、あなたが暮らす〝心の世界〟を決めています。

もし、無意識のうちに「恐れ」を動機にして、そこから逃れるためになにかをしようとすれば、人生はどんどん気詰まりになっていくでしょう。

これからは意識して、「喜び」を動機にしましょう。

どんなにささやかでも、そこに喜びを見つけて追いかけることが、〝幸せな心の世界〟に暮らすヒケツなのです。

今日は幸せのタネを
いくつまきましたか？

あなたの人生は、あなたが「したこと」と「しなかったこと」の結果です。

宇宙の法則は、「原因があれば、結果がある」といたってシンプル。

あなたが幸せのタネをまけば、幸せを受けとるし、不幸せのタネをまけば、不幸せを受けとるようにできているんですね。

あなたはこれまで、漠然と〝いいこと〟を待って生きていませんでしたか？

これから山のような幸せが自分に訪れるように、その原因をたくさん作りましょう。

あなたが人に愛されたかったら、愛さずにはいられないような人物になればいいし、お金持ちになりたかったら、喜んでお金を払ってもらえるようなモノを提供すればいいんです。

目標を明確にすると、過去の習慣に流されない気概が生まれます。

そこで人を当てにしないで、自分のできることをコツコツ実行していくことが、幸せのタネまきを成功させる方法です。

人生に起こることは
すべてあなたが選んでいる

いやなことに巻き込まれると、すぐだれかのせいにしたくなります。だれかのせいにできなければ、出来事のせい、社会のせい、不運のせいにしたくなります。

でもそれだと、自分はいつまでたっても被害者のままなんですね。

私は「これじゃ、先に進めない」と思って、「もし人生で体験することが、すべて〝自分のせい〟だったらどうなるか?」と考えました。

「あのときころんだのは、人とぶつかったからだけど、あの時間にあの道を選んで歩いていたのは私」「親がすすめたことだけど、最後に受け入れて、それでいいといったのは私」というように。

すると、被害者に甘んじない自分が生まれて、逆に、自分のせいにすることで「人生は自分が創っている」という快感を得たのです。

あなたが、人に振りまわされて生きるのはいやだと思うなら、どんな小さなことも人のせいにしないことです。

いつ、だれが見ても
同じあなたですか？

あなたが相手によって態度を変えるのは、計算があるからですか?

人に迎合するのは、気が弱いからですか?

もしかしたら、「正直者はバカを見る」という誤った思い込みをしていませんか?

本当は、「正直者はだれからも愛される」というのに……

いつ、どこで、だれと会っても態度の変わらない人って、ステキです。

あなたがそうなりたいと思ったら、「考えること」と「いうこと」と「することと」をいつも同じにするように努めましょう。

「あれ、矛盾したな」と思ったら、ただちに訂正して自分を一本化するんです。

これは地道な努力を要するけれど、かならず実を結びます。あなたが放つ雰囲気は、一本化を意識したとたんにキリリと変わるでしょう。

人に安心感を与え、もっと信頼されるようになると思います。

それだけではありません。気がラクになって、自分を大好きになりますよ。

恋人や友人は
自分を映し出す鏡

もしあなたが、付き合っている相手のことを「この程度」と思っていれば、相手もあなたのことを「同じ程度」に考えていると思います。

親密な間柄において、心の中はいつも〝お互いさま〟だから。

相手は、いつも自分の心を映し出す鏡なんですね。

もしあなたが、「うるさくないから」「なんでも思い通りになるから」といった後ろ向きの理由で大切な人を選べば、傷をなめ合うだけのマイナスの関係になります。

逆に、「親身にアドバイスし合えるから」「新しい世界が広がるから」といった前向きな理由で選べば、互いに高め合うプラスの関係になります。

それでこそ、本当の意味で「いっしょにいると楽しい」とか「ほっとする」といういい関係を築けるでしょう。

あなたのコアな人間関係は、あなたの生き様を反映します。

もっとも影響を受ける相手には、心から尊敬できる人を選びましょう。

小さな約束を守れる人に
大きな成功がやってくる

「どうせ、ちっぽけな約束だから」と平気で破るような人は、状況が変われば、大きな約束もないがしろにするでしょう。

自分が約束した以上は、「その内容が大きいか小さいか」「約束した相手に地位があるかないか」「それを守らなければ法律で罰せられるかどうか」は、本来関係ないはずだから。

あるのは、「自分が約束したことを守るかどうか」「自分が相手の立場に立って考えられる人間かどうか」という問題だけだと思います。

世の中の大きなことは、ビルを建てるのも商品を開発するのも、すべて小さなことの積み重ねで成り立っています。

人の信頼も同じで、そのときだけ得られればいいというものではありません。普段から、〝あなたが信頼に値する人間かどうか〟が問われるんですね。

小さな約束もきちんと守れるように、いつも「できない約束はしない。した約束は守る」という態度を貫きましょう。

やさしさは
あげっぱなしでいい

「相手にはやさしくしたいけど、おせっかいにならないかと心配……」

それで引いてしまったことがありますか?

「やさしくして、相手がちゃんと感謝してくれるかどうか気がかり……」

それで恩着せがましく振る舞って、感謝してもらえずに「バカバカしい。もうやめた」と思ったことがありますか?

人にやさしくするのに利益を計算すれば、心はどんどん濁っていきます。やさしさを押し売りすれば、むなしさを味わいます。

やさしさは、あげっぱなしのほうがいいんですね。

そうすれば、人にやさしくする理由は、いつでも純な心にあります。

「余計なお世話」と思われても、見て見ぬふりはできないから動くんです。

そうしないではいられないから、声をかけたり面倒を見たりするんです。

結果にこだわらない、あげっぱなしのやさしさは〝慈悲〟です。

慈悲深いあなたでいてください。

愛があるなら
待っている人に伝えて

あなたは好きな人や家族に対して、「どうせ私の気持ちはわかっているはず」と決めつけて、愛を表すのをやめていませんか?

もしかしたら、相手のやさしさに甘えているか、そこにあぐらをかいているのかもしれませんね。

もし、あなたが逆の立場だったらどう感じるでしょう。

人間は、いくら頭で「自分は愛されているにちがいない」と思っても、それを感じられなければさみしいし、ずっと感じられないままだと疑いを抱きます。

だから、相手に伝わらない愛は、〝ない〟のと同じなんです。

愛は、思いやり、激励、感謝の気持ち。

それをマメに示すだけで、今よりも相手を安心させて、幸せにしてあげられます。かといって、言葉にこだわる必要はありませんよ。

あなたの全身から愛があふれて、確実に相手に伝わればいいんです。

小さなメモや一通のメールで、その愛をちゃんと届けられればいいんです。

〝命がけ〟とは
あなたの最後の選択

〝命がけ〟とは、「これ以外には考えられない」ということです。

「万が一、途中で命を落としても悔いはない」という最後の選択。

だから、「ダメならあっちにしよう」とか、「次はあの人にお願いしよう」といった考えはありません。

役者でも芸術家でも、命がけで臨んでいる人は、おそらく「与えられた舞台で死ねれば本望」と思っているでしょう。

あなたがそういう生き方をするには、ふたつの方法があります。

ひとつは、自分の命を注《つ》ぎ込む価値のある仕事を選ぶこと。

もうひとつは、今している仕事に自分の命を注ぎ込むと決意すること。

あなたが、「決死の覚悟でこれをしよう」という気持ちになったなら、それがどんなにたいへんなことでも幸せだと思います。

神さまに命をあずけて、あなたの〝生きがい〟をまっとうしてください。

これは仕事に限らず、心に決めた人を愛するときも同じですよ。

人の苦しみを見たら
そっと陰で祈ろう

知っている人が苦しんでいるのに、どうすることもできないとき、ニュースを見て胸をしめつけられたとき、あなたにできることがあります。

その人の心が、少しでもラクになるようにと祈ってあげることです。

そうすれば、あなたの心にも小さな平和が訪れます。

私たちの社会は、ひとりひとりの思いからできあがっています。

残念なことに、今はさまざまな不安や不満が蔓延《まんえん》して怒りが渦巻き、それから身を守ろうとする人たちが利己的になって、争いが絶えません。

けれど、この社会を創ったのも人間なら、それを変えられるのも人間です。

ひとりひとりが心に愛をとり戻し、社会にやさしさを投げかけることで、それは叶います。

もし、だれかがあなたに戦いを挑んできたら、あなたから愛を流しましょう。

もし、悲しむ人の姿が目に映ったら、「あの人の愛の力で、今ある問題を乗り越えていけますように」と祈りましょう。

逆境は
神さまからのプレゼント

そう思えるのは、いく度も壁を乗り越えてきた人かもしれませんね。

あなたが、今はまだそう思えなかったら、この言葉を心の引き出しにしまっておいてください。いつか助けになるから。

どうして逆境は、神さまからのプレゼントかというと、喜んでそれを受けとったとたんに、順境に転じて幸せをもたらしてくれるからです。

むずかしいのは、〝喜んで〟というところでしょうね。

逆境を、あなたが受けとった「神さまからの手紙」と考えましょう。

その内容は、病気、失業、失恋、家族のイサカイといったきびしいものばかりで、あなたはそこに書いてあることを体験します。

さて、この手紙にどんな返事を書きますか?

あなたがどんなに抵抗しても、この体験は変えられません。だったら思い切って、「喜んで受けとります!」と返事を出しましょう。

すると、神さまがどんなに尊いプレゼントをくれたのかわかりますよ。

勇気がほしいとき

人生には　最初から
「最高」と「最低」がつまってる

だれだって最高の気分は大好き。最低の気分は大嫌いですよね。

でも人生には、はじめから両方が組み込まれていて、いつどっちがやってくるかわからないんです。

あなたが「最低！」と感じたときは、今が成長するときだと思いましょう。「最高！」と思ったときは、最低を乗り越えたごほうびです。

人生には、もともといいときばかりが用意されているわけではありませんから、最低のときをいかに短縮して最高に向かうかが鍵です。

それには、沈んだときに決してぼやかないこと。あなたが、ぼやいて過ごせば、それだけ最低の時間が長引いてしまうから。

いいときは、大いに感謝しましょう。感謝が、あなたの最高をどんどん更新してくれるから。

もうこれからは、人生のアップダウンを恐れないで進みましょう。

最低のときの合言葉は、「よーし、これから最高に向かうぞ！」ですよ。

いつだって
今いるところが出発点

奈落の底に突き落とされたような気持ちは、本当に耐え難いものです。「簡単には立ち直れないんじゃないか」「もっとひどくなったらどうしよう」と悪い想像が頭をかけめぐって、恐怖の海でおぼれそうになります。

もしあなたが、そんな最悪の状況にいても、あせらないで。

あなたがつらくなるのは、追い討ちをかけるような悪い想像ばかりするからなんですね。

かといって、今はいい想像なんてできないなら、「落ち込んでる今の地点が出発点」と心の中で何度も唱えましょう。

最悪の下はないから、あとは上がっていくだけです。

あなたの心は、しゃがみ込んでいる状態とまるで同じ。もし、長い間しゃがみ込んでいたら、どうしたって立ち上がりたくなるでしょう?

ガマンにガマンをして力を溜めている……それが最悪の状態なんです。

あなたの心は、再スタートする〝ジャンプのとき〟を待っています。

おとなになるって
夢を忘れることじゃない

おとなになることは、〝世知辛い世の中を生活のために生きること〟ではありません。

おとなになったあなたは、これまで身につけてきた知恵と知識を生かして、子どものころからの夢を形にできるようになりました。いよいよ〝自分の夢を社会に役立たせるとき〟がきたんです。

子どものころは、現実を知らないからいろんな夢を抱きますよね。まだ理性や計算が入り込まない七歳から十五歳くらいのころ、あなたがしょっちゅう夢見ていたことはなんですか？

そのころの夢の中に、〝才能を発揮できる仕事のヒント〟があります。

それは、「時間を忘れてしまうほど大好きだった」ことや、「人より簡単にうまくできたこと」として、あなたの記憶に刻まれているはず。

自分の夢を思い起こして、それと関連のある仕事に就きましょう。

この現実社会を、あなたの〝夢の舞台〟に変えてしまうんです。

どうなるかじゃなくて
どうするか

あなたは、自分の恋愛や仕事が、今後どうなるのか不安ですか？

「現状を変えたい」と思えば、思っているだけじゃなくて「変えるための努力」をするしかありません。

「自分が動いてうまくいかなかったらどうしよう……」と不安かもしれないけど、あなたの不安の根っこにあるのは、いつも「自分はどうなるか」という問題ではなく、「自分はどうするか」という問題です。

現状を変えたかったら、とにかく足を一歩前に出しましょう。

それで、様子をうかがって知恵をしぼり、次の一歩はもう少し前に……そうやって少しずつ動いていけば、どんどん新しいことが起こって人生はかならず進展していきます。

あなたにあるのは、「できるかできないかじゃなくて、やるかやらないか」だけ。あなたの「これから」はいつでも変えられるんです。

さあ、勇気をふるって最初の一歩を踏み出しましょう。

強くなあれ！

もう逃げないって決めて

苦しいと、ラクなところに逃げ込もうとして、現実から目をそらせます。

でも、結果はかならず逆になって、また苦しみに追いかけられます。

逃げても逃げても、影のようについてまわることは、もしかしたら「自分の魂が克服しようとしている人生の課題」かもしれません。

たとえば、ものごとを途中で放り出すクセ、すぐ責任転嫁するクセ、優柔不断なクセ、お金にルーズなクセ、約束を守れないクセ……

「自分のクセ」を認めて、そうなっている「原因」を突きとめましょう。

原因がわかると、それを克服するための「新たな行動」もわかります。

その行動を思いつく限り付箋に書いて、部屋の目につくところに、パソコンやダイアリーにもあちこち張っておきます。

あとは、それを少しずつ、確実に実践していくのみですよ。

人生の課題は、逃げなければかならずクリアできます。それで、あなたに新たな自信がもたらされるのです。

あなたの可能性をつぶさないで
はばたくチャンスをあげて

あなたは、本当は自由にやってみたいことがあるのに、「もう年だから」とか、「迷惑をかけるといけないから」といって、このまま引き下がろうとしていませんか?

だとしたら、年齢や環境のせいにして、自分がはばたくチャンスをとりあげているのは、あなた自身です。

新しい世界に飛び込もうとすると、うまくいかなかった過去の経験が足を引っぱって、無意識のうちにストップがかかるのかもしれませんね。

でもそこで、臆病になってあきらめないでください。

役に立たないとらわれから一日も早く脱して、大空にはばたきましょう。

もし、あなたが「無難に生きよう」と考えているなら、無難は、ちっぽけな頭の中の〝空想の世界〟にしかないことに気づいてください。

あなたの人生は、いつでも可能性に満ち満ちています。

あなたがはばたくチャンスは、より大きな幸せをつかむチャンスなんです。

はじめはみんな新人
あなたも胸を張ってはじめよう

「すごいなあ……」と感心するような人に出会うと、うらやましいと思う反面、「自分にはとてもまねできない」と思ってしまいがちですよね。

でもどんな人にも、右も左もわからない新人の時代があって、そのとき歯を食いしばってがんばったから、現在の姿があるんです。

だから、自分がしたいことをはじめるのに、余計ないいわけをしないこと。「遅いかも」と案じるのも余計です。その年齢なりの結果を出せば、その年齢なりの新鮮な未来が待っているから。

それを味わう前に、もうダメだなんて決めつけないでください。

大事なことは、〝やってみなければわからない〟と思うことです。

次に大事なことは、壁にぶち当たってもめげないで〝続けてみなければわからない〟という気持ちを持ち続けることです。

あなたに「やり遂げよう」という熱意があれば、あなたらしい大輪の花を、かならず咲かせることができますよ。

あきらめないで
恐怖のむこうは別世界

心が、「そうしたい」思いと、「かといって、こうなったらまずい」という思いの狭間《はざま》で揺れると、なかなか行動に踏み切れません。

そんなときは〝足を引っぱっている心配〟のほうを消して、心を「そうしたい」だけに占領させてしまいましょう。

そのほうが、したいことを手っ取り早く叶えられます。

たとえば、あなたがだれかに告白したかったら、「断られたらどうしよう」と心配するのをやめればいいし、仕事を休みたかったら、それによって「失うものを考える」のをやめればいいんです。

「こうなったらまずい」という心配の正体は、〝恐怖〟です。

恐怖は、あなたの心にはびこって自由を束縛しています。

それを克服するには、「恐怖のいいなりになっても、悔いを残すだけでいいことはなにもない」ということを、じっくりかみしめて理解することです。

それだけで心のバランスが変わって、主体的なあなたになりますよ。

それを捨てれば
新しいものを 受けとれる

あなたが執着している世界には、〝不要な考え〟が潜《ひそ》んで、あなたが「なりたい自分」になる邪魔をしています。

たとえば、「冷淡な人だと思われたくない」と執着すれば、知らないうちに「いやなことでも断ったらまずい」という考えにとらわれます。

すると、いつでも堂々と自分の本音がいえなくなります。

また、「自分はラクしていたい」という気持ちに執着すれば、「たいへんなことは人に任せればいい」という考えにとらわれます。

すると、いつでも思いやり深いあなたでなくなります。

そのほか、流されやすい自分、意地っ張りな自分、打算的な自分など……「そんな私はいらない」と思ったら、陰であなたの行動をあやつっている執着を見つけて断ち切りましょう。

それから、「なりたい自分」にふさわしい新しい価値観をかかげます。

あなたはなにかを得る前に、なにかを捨てることで変わっていくのです。

ときめいて生きていたいから
本気でチャレンジしよう

恋にときめくのも、仕事にときめくのも、スポーツにときめくのも、そこにチャレンジして手に入れたいものがあるからです。

でも、ときめきは、指をくわえて待っていてもやってきません。

「人生はいつおわるかわからない。積極的に生きていこう」と思って、未知の空間に足を踏み入れたときに得られるものだからです。

もしも、あなたの目の前に理想の相手が出現したら、「つまらない」なんていっているヒマはなくなって〝本気モード〟になるでしょう？

なにかに本気になって、新しい世界に触れましょう。

なにかにチャレンジして、新しい自分を発見しましょう。

恋愛でも、仕事でも、趣味でも、ボランティアでも、自分の目標を決めて本気でぶつかっていけば、あなたは息を吹き返します。

いちばん惹《ひ》かれる世界に飛び込んで、ときめいて生きましょう。

そうすれば、たちまち人生がおもしろくなりますよ。

あなたの不安を
そっくり勇気に変えよう

私は不安から逃れたい一心で、「この感情をなにかに変換できないか……」と真剣に考えていました。

不安について研究するうちに、不安は〝勇気とペアの生命エネルギー〟だとわかりました。

あなたに不安がわいたら、それはいつでも勇気に変換できるんです。大きな不安は、大きな勇気に変えられるんですね。

スポーツ選手のメンタルトレーニングが、まさにこれです。不安を勇気に切り替えるトレーニングなんです。

だから、一流といわれる選手たちは、最後の最後まで「できなかったらどうしよう」なんて思いません。

「まだまだいける！」「やればかならずできる！」「今が力を発揮するチャンス！」と、徹底的に自分を鼓舞してエネルギーをわき立たせます。

これらの言葉が、不安を勇気に変える〝マジックワード〟なんですよ。

ゴールすることより
プロセスを楽しんで

人生のゴールとしてよくあげられるものに、「結婚」があります。

人によっては、「希望校入学」とか「就職」が身近なゴールかもしれません。

ゴールは、その人が「手に入れたい目標」ですが、残念ながら全員が目標を達成できるわけではありませんよね。

ゴールは目標ではなく、あくまでも〝結果〟なんです。

また人生には、あなたが願った通りの結果じゃなくて、もっと成長できるように、別の結果が用意されることもあります。

人生に報われない苦労はありません。けれども、あなたが望むような形では報われない場合もあるということです。

だから、目的地までの風景をもっと楽しみましょう。毎日のようにくり広げられる人生の悲喜こもごもを、じっくりかみしめて進みましょう。

あなたが「ゴールすることより、プロセスを大事にして生きていこう」と思えば、きっと〝人生の醍醐味《だいごみ》〟を味わえるから。

あしたは、心も体も
ちがうあなたを体験する

すべてのものは、同じところにとどまっていません。

自分も、人も、モノも変化し続けるというのは、大自然のきまり。

頭ではよくわかっていても、変化が微細で目に見えないと、つい変わらないもののように思いがちなんですね。

すると、変わったらいやという〝執着〟を抱くようになります。

もしあなたが、情熱的な恋人に「そのまま変わらないで」と執着すれば、苦しくなるのはあなたです。〝愛〟は、ふたりの情熱の代わりに、よりすばらしいものとして育《はぐく》まれていくんです。

老化現象も同じです。若さへの執着が強まれば、自分を慈しみながら年を重ねていくのがむずかしくなります。〝円熟した魅力〟は、それだけ生きた証《あか》しとして得られるものなんです。

変化は進化です。いっさいの執着を横において、あらゆるものが進化していく様子を心から楽しみましょう。

あなたが信じたように
あなたは変わっていく

あなたには、どんな自分にもなれる〝信念〟の力があります。

なのに、もしままならなかったら、かつて人からいわれたことが、あなたの中でセルフイメージになって固まっているのかもしれません。

たとえば、親から「なにをやらせても遅い子」といわれたことや、友だちから「暗い」といわれたことに衝撃を受けると、「私はそういう人間なんだ」と思い込んでしまうんですね。

その刷り込みが強ければ強いほど、あなたの細胞は、あなたの信念に忠実に〝そういうあなた〟を創りあげていきます。

でも、困ることはありません。

あなた自身が、最初の刷り込みが生じた経緯を思い出して、消し去ればいいんです。心の中を、消しゴムでゴシゴシ消すイメージ。

そこに、新しいセルフイメージを上書きします。

信念の力をフルに活用して、イメージ通りの自分になっていきましょう。

いいかげんな自分は
工夫しだいで超えられる

あなたには、「いつかやろう」と思ってそのままになっている雑多なことがたくさんありますか？

どうして「今すぐやろう」ではなく、また「あしたやろう」でもなく、漠然と「いつか」と思ったのか考えてみてください。

頭では「早くやったほうがいい」と考えても、感情が「やりたくない」と訴えるからではありませんか？

それで、いつまでも片付けられない〝いいかげんな自分〟に罪悪感を抱いたり、自己嫌悪を抱けば、結局は自分をいじめることになります。

そのくらいなら、「いつか」というフレーズはもう使わないで、〝やりたいこと〟の優先順位をはっきりさせましょう。

まず、「やっておくべきだ」と思うことをぜんぶ書き出します。次に、やる気をそそられるものから順に番号をふります。

その順番に、ひとつでもふたつでも「今日やる！」と決めて実行しましょう。

自分に責任をとれば
自由に生きられる

あなたは、「自由自在に生きること」にあこがれていますか？

そのあこがれは、〝自分に責任をとる覚悟〟があれば叶えられます。

「自分が人生に引き起こしたこと、自分の身に降りかかったこと、それらすべてを背負って生きる」という覚悟です。

あなたがどんな立場にあっても、人に迷惑をかけることになっても、それによって生じるマイナスを引き受ける覚悟があれば、いつだって自由に生きられるんですね。

マイナスとは、非難、攻撃、無視、意地悪、恨みを買うことなど、ときには、大きな痛みをともなうことかもしれません。

でも、あなたがこのまま、いろんな人のしがらみでがんじがらめの人生を、不満いっぱいで生きていくくらいなら、自分がすることの責任をとって、本当にやりたいことをやって生きましょう。

真に満ち足りた人生は、心の自由を得てはじめて満喫できるのです。

「だって……」というのを
今すぐやめよう

「だって、私は悪くないもん」「だって、仕方がない」「だって、間に合わなかったんだから」「だって……」

もし、「だって」が知らないうちにあなたの口癖になっていたら、笑っている場合ではありませんよ。

「私の人生はいいわけ人生です」「私は向上しない人間です」といってヘラヘラしているのと変わらないからです。

あなたが、「もうぜったいに『だって』といわない！」と決意すれば、ヘラヘラエネルギーが一掃されます。

そのとき、〝いいわけをしないあなた〟が生まれます。

それは、ハラがすわって責任逃れをしないあなた。

自分の身に起こることにビクビクしない、たのもしいあなたです。

そうなれば、もし不都合が生じたら、あやまるべきことは素直にあやまり、手を打つべきことはすぐに手を打つという対応ができますよ。

あなたの手もとにある
〝孤独〟を無にしないで

〝孤独〟はさみしいし、頼れる人がそばにいなくていやですか？

「頼る」とは、「甘える」ということです。

となりに甘えられる人がいるのは幸せなことだけど、「自分を磨いて実力をつけたい！」と思うときは、その甘えを断ち切る必要があります。

あなたが大きく飛躍するチャンスは、だれにも頼れないところでがんばったときに得られるんですね。

たとえば、あなたが頼りにしていたパートナーと別れ、なにもかも自分でやらなければいけなくなって、「なにがなんでも、ひとりで切り抜けてやる！」と奮起したときがチャンスです。

病床で苦痛に耐えながら、健康のありがたさを再認識して、「かならず元気になって、幸せな人生を生きてやる！」と燃えたときがチャンスです。

今、あなたの手もとにある小さな孤独は、それをバネにして〝自分をひと皮むく〟チャンスなんですよ。

苦しいときほど
自分の〝底力〟を信じて

ここでいう〝底力〟は、競争に打ち勝つための力ではありません。

あなたの欲望を満たすための力でもありません。

そんなものを突き抜けて、やるだけやって「あとは宇宙に委《ゆだ》ねよう」と覚悟したときに発揮される力です。

もしあなたが、やるだけやらないであきらめてしまったら、眠ったままになってしまう力です。

この仕事をやり遂げなければ、大好きな職をなくすかもしれないとき。

このまま自分が動かなければ、大好きな人を失うかもしれないとき。

恐らくあなたは、死にもの狂いでなにかするでしょう。

自分の底力を信じることは、「宇宙は私をつぶさないから、かならずなんとかなる」と信じて励むことなんですね。

持てる力をすべて出し切れば、「やるだけやった」という満足感を得られます。

そうやって、人生のハードルを越えていきましょう。

風に抵抗しないで
しなやかにかわそう

人生にとんでもないことが起こると、気が動転して心がカチカチになってしまいます。

そんなときは、肩の力を抜いて緊張をやわらげましょう。

どんな事態に陥っても、あなたが目の前のことに柔軟に対応できれば、すべてはうまくいきます。

いちばんいいのは、強風に逆らわないで、自然界にある木々のように、しなやかになびいてそれをかわすこと。

もし、あなたがかたくなになって抵抗すれば、堅い枝が折れるように、あなたの心は引き裂かれてしまうかもしれません。

だから、「目には目を!」という意識を捨て、荒々しい相手に逆らわないで、吹きぬける風を見送る一本の木になりましょう。

それは、すでに起きてしまった出来事に、いちいち心を揺らして不愉快な思いをしないという知恵だから。

絶望から息を吹き返すとき
生まれてきたわけがわかる

生きていくことは、人生の修羅場をくぐるということかもしれません。

そのとき、なにをつかむかで、その後の人生が激変します。

でも、こわがらないで。神さまがあなたをダメにするはずがありません。

あなたが「本当に知りたい」と思っていることがわかるように、あなたの準備ができたときに機会を与えてくれるんです。

とはいっても、人生の修羅場に直面すれば、そんな体験を受け入れることも、そこにいる自分を愛することもできなくなると思います。

私もそうでした。そのときは、消えていなくなりたいと願いました。

でも、これだけは覚えておいてください。

それでもあなたは、「さあ、生きなさい」と温かく見守られていることを。

あなたがどんなあなたでも、海よりも深く愛されていることを。

絶望の果てで、心に巣食っていた〝ごう慢〟を捨てて頭《こうべ》をたれたとき、あなたはきっと答えを見つけるでしょう。

いちばんほしい幸せを
どこまでも　求め続けて

他人の幸せをうらやんでも、やっかんでもしようがありません。

表面的なことで、人の幸せは計れないからです。

現に、裕福な家の奥さんが、「財産はいらないから愛がほしい」と泣き暮れていたり、地位も名誉もある社長が、「息子の気持ちがわからん」となげき悲しんでいたりします。

本当の幸せは、心からの〝ふか～いやすらぎ〟を得ることだといいます。でも、それをお金で買うことはできません。お金で買えるのは、うたかたのやすらぎに過ぎないんですね。

あなたは今幸せですか？　あなたが心からほしいものはなんですか？

どんな自分も安心してさらけ出せる恋人？

傷ついたとき、いつも手を差し伸べてくれる親友？

ほかのもので、あなたがいちばんほしい幸せをウヤムヤにしないで、求め続けてください。

自分まるだしの人生を
ほがらかに生きていこう

あなたの人生に起こることを、もっとおもしろがりましょう。

そして、これからもいろんな体験をしていく自分を、もっと愛してください。

それが、あなたの〝本来の仕事〟だから。あなたはそれをやりたくて生まれてきたのだから。

この先、あなたがどんなひどい目にあっても、「まだ生きてる。ありがたい！」と思えば、それを乗り越える力がきっとわいてきますよ。

いやなことがあっても、〝笑っちゃう勢い〟で進めば、愉快な仲間たちが寄ってきてあなたを助けてくれますよ。

だから、一度きりの人生を、のびのびと明るく生きていきましょう。

自分まるだしの人生を、ほがらかに楽しく生きていきましょう。

「生きるって、なんてすばらしいんだ！」と心から感じてください。

「私って、なんてすごいんだ！」と感動してください。

そのために、この本があなたの役に立つことを、ただただ願っています。

宇佐美百合子

CBCアナウンサーを経て心理カウンセラーになる。1986年読売新聞社主催「ヒューマンドキュメンタリー大賞」に『二つの心』が入選。「モーニングEye」の人生相談や「笑っていいとも」の心理テストにレギュラー出演。ネット・カウンセリングの先駆者でもあり、執筆や講演を通してメッセージを発信している。著書はベストセラー『元気を出して』(PHP研究所)、『がんばりすぎてしまう、あなたへ』(サンクチュアリ出版)をはじめ『いつでもいまが出発点』(小社)、『こっちを向いてごらん』(主婦と生活社)など多数。
ホームページ　http://www.iii.ne.jp/usami/

もう、背伸びなんてすることないよ

2006年4月25日　第1刷発行
2022年9月30日　第26刷発行

著　者　宇佐美百合子
発行者　見城　徹

発行所　株式会社　幻冬舎
〒151-0051　東京都渋谷区千駄ヶ谷4-9-7
電話　03-5411-6211（編集）
電話　03-5411-6222（営業）
公式HP　https://www.gentosha.co.jp/

印刷・製本所　株式会社 光邦

検印廃止

ISBN4-344-01160-0 C0095
この本に関するご意見·ご感想は、
下記アンケートフォームからお寄せください。
https://www.gentosha.co.jp/e/